LETTRE

SUR

L'ÉTAT DES AFFAIRES PUBLIQUES,

adressée

à M. le Comte de Saint-Lizier du Chantenay,

Par M. Benoist.

RÉDACTEUR EN CHEF DU *CONSERVATEUR.*

24 Juillet 1829.

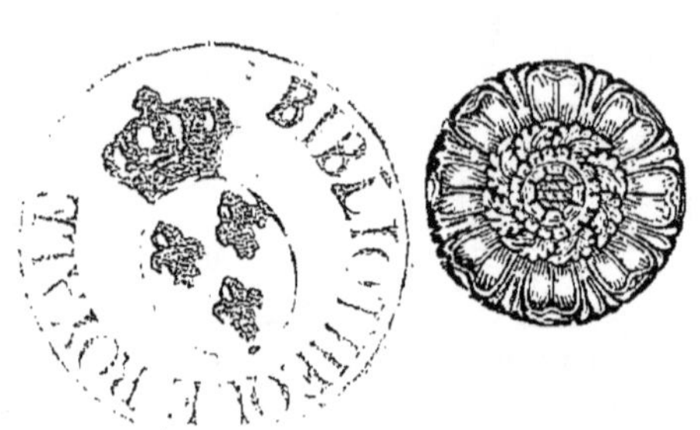

A PARIS,

AU BUREAU DU CONSERVATEUR,

rue de Sèvres, n. 2.

ET CHEZ RUSAND, libraire, rue du Pot-de-Fer, nᵒ 8;
BLAISE, libraire, rue Férou, nᵒ 24;
MAZE, libraire, rue de Seine Saint-Germain, nᵒ 31;
DELAUNAY, libraire, Palais-Royal.

1829.

AVIS.

Le *Conservateur* paraît à des époques indéterminées, par livraisons égales et inégales. Le prix est de 11 fr. pour un volume, 20 fr. pour deux, et 36 fr. pour quatre.

PARIS, IMPRIMERIE DE POUSSIELGUE-RUSAND,

rue de Sèvres, n. 2.

LETTRE

SUR

L'ÉTAT DES AFFAIRES PUBLIQUES;

ADRESSÉE

A M. LE COMTE DE SAINT-LIZIER DU CHANTENAY

PAR M. BENOIST,

RÉDACTEUR EN CHEF DU *CONSERVATEUR*.

MONSIEUR LE COMTE,

Vous m'avez autorisé à vous adresser les lettres que je me propose de publier sur l'état des affaires publiques. Vous tenez à savoir ce que je pense des circonstances et des hommes du moment. Je parlerai avec toute la franchise que vous me connaissez, au risque d'être appelé factieux ou ligueur.

Quand on examine de haut et dans leur ensemble les affaires publiques, elles excitent le dégoût. Jamais elles n'ont été traitées avec plus de légèreté, de perfidie et d'incapacité. Les opinions et les consciences des législateurs et des hommes d'état se vendent et s'achètent plus ou moins cher, suivant le talent et l'importance de chacun : il y a pour cela des tarifs qu'on suit avec une scrupuleuse exactitude. L'indépendance devient une chose si rare que, pour ne pas occasionner de troubles, il sera bientôt défendu de la nommer. On ne veut pas laisser au bien la même latitude qu'au mal. Si l'on s'appelle jésuite, on est proscrit par le fait même ; porter un capuchon et une longue barbe, c'est faire preuve d'intolérance et par conséquent attenter aux droits des autres citoyens ; croire en Dieu et l'adorer publiquement, c'est conspirer contre l'état.

Les pouvoirs politiques se déplacent. Le gouvernement se tient à l'écart et se félicite de sa nullité, qu'il appelle de la sagesse. La chambre des députés attire tout à elle comme à un centre unique ; mais disons ici qu'elle est entraînée par la nécessité et la force des choses. Cette assemblée est le seul pouvoir qui ait pris racine et qui représente des intérêts réels, la démocratie, qui seule maintenant constitue la société en France. Ajoutez à cela une jeunesse impatiente de mettre en pratique de fausses et de dangereuses théories ; un ennui, un dégoût de tout ce qui existe, et une détresse générale qui ne semble augmenter chaque année que pour devenir le prétexte d'une grande commotion. Après quinze ans de restauration nous avions bien le droit de compter sur l'ordre et la tranquillité ; et cependant on nous parle de renouveler la société comme si elle ne l'avait pas déjà été plusieurs fois. Il y a maintenant, d'un côté, la France catholique avec le roi et la charte ; d'un autre, le libéralisme avec le protestantisme et la république.

Dans des circonstances aussi graves j'aurais mauvaise grâce à vous parler des querelles de *la Gazette* et de *la Quotidienne*, des gallicans et des amis de M. de La Mennais ; du découragement de l'extrême gauche ; des niaiseries du *Messager* ; de l'incertitude toujours croissante du ministère ; de l'audience accordée par le Roi à M. Ravez ; de la future arrivée de M. de Polignac au pouvoir ; du *Moïse* de M. de Châteaubriand et de son départ pour les eaux (j'entends le départ de l'ambassadeur) ; du drame de

M. Victor Hugo qui a nom *Marion Delorme*; du *Constitutionnel*, qui perd ses abonnés et qui passe sa mauvaise humeur sur les nouveaux journaux républicains; de la lettre doctrinaire de M. d'Argenson; du banquet libéral du 14 juillet, en l'honneur de la prise de la Bastille. Il y a bien aussi quelques petites intrigues moitié sérieuses, moitié comiques, dans lesquelles je pourrais vous immiscer; mais il y aurait ici indiscrétion, et la charte, que j'ai apprise par cœur afin d'avoir toujours mes droits présens à la mémoire, la charte n'accorde point haute liberté à l'indiscret.

La session est close de fait sinon de droit. Fatigués des plaidoyers de M. Dupin aîné, des doléances de M. Benjamin-Constant, des protestations de conscience et de loyauté de M. Agier, des statistiques et des calculs de M. Charles Dupin, les députés courent les grandes routes, laissant le ministère présenter la plume à la chambre des pairs pour apposer sa signature au bas du budget. Sans être précisément mécontent, personne néanmoins n'est content de soi ni de la session. Une espèce de lassitude et d'ennui préoccupe tout le monde; et ce qu'on évite le plus c'est de compter avec soi-même : on est chagrin, grondeur, sans trop savoir pourquoi : aussi pour s'étourdir crie-t-on à chaque quart d'heure, du fond de sa chaise de poste : « Fouette, fouette, postillon ! »

Il n'y a guère que les trente *patriotes*, selon l'*Album-Magalon*, qui, la main sur la conscience, puissent se dire : Nous sommes contens de nous. Quant aux autres députés, qui se sont montrés infidèles ou timides, les électeurs ne leur déferont pas même le chapeau.

On m'assure qu'au sortir de la dernière séance de la chambre les neuf ministres étaient à se regarder sans dire mot, et que le silence ne fut interrompu que par un *ouf* bien articulé de M. de Caux. A la fin, l'un deux se prit à dire : « Eh bien ! qu'allons-nous faire ? Resterons-nous ou ne resterons-nous pas ? » Et tous de répéter en se regardant : « Eh bien ! qu'allons-nous faire ? Resterons-nous ou ne resterons-nous pas ? » Le public de son côté se dit aussi : « Eh bien ! que vont-ils faire ? Resteront-ils ou ne resteront-ils pas ? »

Vous savez, monsieur le comte, que deux honorables députés de l'extrême gauche, MM. le marquis de Chauvelin et Le Voyer-d'Argenson ne veulent plus défendre les intérêts du peuple ; soit découragement, soit fierté, ces messieurs se sont démis de leur part de souveraineté. *Le Constitutionnel* en a été tellement troublé qu'il ne fait plus que balbutier. Les autres journaux, après quelques regrets et quelques phrases ironiques, ont pris de suite leur parti : est-ce qu'il n'y a en France, disent-ils, que MM. de Chauvelin et d'Argenson ? Les électeurs trouveront de bons citoyens qui ne lâcheront pas pied au milieu du combat. Ingrats journalistes, qui oubliez si facilement et si vite les services qu'on a rendus à votre cause ! Les deux députés que vous blâmez indirectement ont vieilli sur les bancs de la gauche ; ils ont usé leurs forces pour vous faire ce que vous êtes.

Mais si l'on allait les imiter ! voilà ce qui effraie le parti. Vous comprenez que tout serait perdu si chaque député du côté gauche avait le mauvais esprit d'envoyer sa démission. Comment d'ailleurs les affaires de MM. les journalistes iraient-elles ? fort mal, et c'est bien ce qu'il ne faut pas. Décidément le côté gauche est malade, puisqu'il est abandonné par ses vieux médecins. De semblables événemens, joints à la catastrophe du *Constitutionnel*, n'annoncent rien de bon.

Je connais depuis long-temps un brave homme qui

était employé dans les bureaux de ce journal. La diffé-
rence des opinions ne nous empêchait pas de nous voir,
parce que j'ai pour habitude de ne parler politique que
dans mes articles. J'allai chez lui il y a quelques jours, et
je trouvai sa femme dans les larmes : Qu'avez-vous donc,
lui dis-je? Hélas! me répondit-elle, mon mari a perdu sa
place, et, comme vous savez, nous n'avions que cela
pour vivre. A cette réponse je restai tout stupéfait, et
pour un moment, je crus être la cause de ce malheur.
Si le ministre des affaires étrangères, M. Portalis, qui
devrait être quelque peu royaliste quand ce ne serait que
pour la forme, a bien demandé au gouvernement sarde
la destitution d'un magistrat très recommandable qui
écrivait dans *le Conservateur*, il n'est pas étonnant que
le Constitutionnel destitue un de ses employés pour avoir
fréquenté un écrivain de ce même *Conservateur*. Ma
surprise cessa lorsque j'appris que *le Constitutionnel*
faisait une réforme générale dans toute son administration
parce qu'il avait perdu plus de six mille abonnés. Les prédictions de l'*Album-Magalon* commencent à se vérifier,
et malheur à la *valetaille de l'empire!*

Avec tous ses grands mots de jésuitisme et de congrégation *le Constitutionnel* n'est plus à la hauteur des circonstances; il est pâle, faible, et même modéré auprès de *la
Tribune des Départemens*, de l'*Album-National*, du *Journal
Paris*, de *la Jeune France* et de l'*Album-Magalon*. Il
fait rire les jeunes rédacteurs de ces journaux, qui ne
tarderont sans doute pas à l'envoyer promener dans les
souterrains de la congrégation.

Je ne sais trop si vous avez entendu parler d'un certain
bruit qui courait il y a quelques jours. Il était question
d'une nouvelle promotion de pairs, parmi lesquels on
nommait MM. Casimir-Perrier et Sébastiani; il serait assez

étrange de voir ces deux honorables députés aller à la chambre haute faire les démagogues aristocratiques. Ce bruit, s'il était fondé, serait avec les démissions de MM. de Chauvelin, d'Argenson, de Saint-Aignan et d'autres encore, un coup mortel porté au libéralisme dans la chambre des députés.

Les libéraux sont divisés et affaiblis par des querelles particulières, et si le ministère avait tant soit peu d'habilité, il l'emporterait aisément. Depuis qu'il est au pouvoir, on s'est peu occupé de lui parce qu'on a toujours eu la tête levée pour voir arriver ses successeurs. Il a cependant trouvé dans sa faiblesse le moyen de vivre, semblable à ces malades qui démentent les prédictions de leurs médecins : sa nullité lui a ménagé les deux partis au détriment de la prérogative royale, il est vrai ; car un pouvoir, quelqu'il soit, ne peut jamais rester dans l'irrésolution sans qu'il n'en résulte pour l'état un notable dommage.

Si l'on a donné le nom de *déplorable* à l'ancien ministère, quel nom donner à celui-ci ? Les neuf ministres qui le composent sont encore étonnés de se voir réunis : ils n'ont jamais pu s'expliquer leur fortune subite, et la France, qui a été aussi surprise qu'eux-mêmes, a fini par en rire. On ne les hait, ni on ne les aime ; les uns les regardent avec douleur, et les autres en ont pitié comme de gens qui sont emportés sans avoir la force de résister. Sans système, sans plan, même sans projets, ils se sont traînés comme ils ont pu jusqu'à ce jour, chacun de leur côté : ils n'ont eu de constance que dans leur irrésolution, d'unité que dans leur isolement. La dignité a manqué à leur langage comme la force à leurs actions. Ils n'ont point parlé comme ministres d'un Roi qui se glorifie d'être à la tête du premier peuple de l'Europe ; ils ont compromis la majesté royale, ils ont eu l'air d'intercéder pour elle et de dire : « Ah ! messieurs, le Roi vous saura bon gré si vous nous accordez ce que nous vous demandons ! » Ils ont promené les portefeuilles comme un marchand promène de la marchandise qu'il cherche à placer ; ils ont crié par les salons : « Qui veut être ministre avec nous ? » Enfin, après plusieurs refus, ils ont découvert dans un petit coin du centre gauche un procureur général destitué, qui a consenti à revêtir la simarre à ses risques et périls ; mais M. Bourdeau s'est tout à fait compromis par sa fameuse *Circulaire*, qui renferme autant de réquisitoires qu'il y a en France de procureurs du Roi. Le libéralisme lui reproche amèrement de maltraiter ceux qui ont contribué à son élévation, et par dédain, ne l'appelle plus que le petit Bourdeau.

Ce ministère n'a pu et ne peut encore exercer aucune espèce d'influence. Marchant à l'aventure entre les deux partis, les habiles et les gens sensés ne s'attachent point à lui parce que ce serait s'appuyer sur le roseau. Chaque jour, les libéraux lui font son procès parce qu'il ne fait pas assez pour eux, et, d'un autre côté, il fait encore trop pour que les royalistes ne le condamnent pas ouvertement. Plusieurs de ses membres inspirent une juste défiance, par l'abandon de leurs principes et leur incapacité. Il devait faire des économies, avoir souci de la détresse générale des provinces et particulièrement des vignobles. Voyez un peu ce qu'il a fait : il a créé des ministères, superfluités coûteuses et rouages inutiles dans notre forme de gouvernement. Si encore il avait eu le talent de s'associer des hommes de mérite, des hommes capables de concevoir et d'exécuter des projets : point du tout ; il établit dans *un gouvernement constitutionnel* un ministère de l'instruction publique qu'il confie à un légiste obscur et médiocre, connu seulement par l'exagération de ses réquisitoires. Si les ministres avaient besoin d'un procédurier pour leurs affaires particulières, ils en ont trouvé un dans M. de Vatimesnil. Le magistrat avait été médiocre à la cour de cassation, le ministre a été pitoyable à la tribune. Le libéralisme, fort indulgent quand on travaille dans son intérêt, lui crie sans cesse : « Bien, mon ami, bien. » Mais, malgré ces encouragemens, M. de Vatimesnil n'en reste pas moins un fardeau pour la France. M. de Saint-Cricq nous coûte fort cher et passe son temps à dormir. J'ignore lequel des deux l'emporte par l'incapacité, et dans le doute je m'abstiendrai de prononcer. Mais les coupables sont MM. de Caux et Feutrier; l'un a tout à fait abandonné les droits du Roi, et l'autre a oublié qu'il était évêque avant que d'être ministre. M. de Caux est un bonhomme qui s'effraye facilement, quoique ministre de la guerre. Il peut être brave sur un champ de bataille, j'aime à le croire; mais, à coup sûr, il a une terrible peur des députés. Quant à M. Feutrier, il s'était imaginé que par son amabilité, ses grâces personnelles, il viendrait à bout d'adoucir le côté gauche : il doit comprendre combien il s'était fait illusion.

Avec ce ministère la couronne a beaucoup perdu, et la France n'a rien gagné; c'est à dire que les prérogatives de l'une ont été restreintes, et que les ressources de l'autre ont diminué. Le malaise augmente d'une manière effrayante. Qu'est-ce que cela fait? n'avons-nous pas entendu les promesses de M. de Caux, les supplications de M. Feutrier, et l'ergotage de M. Vatimesnil? La société s'affaiblit peu à peu; le désordre s'introduit partout : on ne veut plus de ce qui existe; on demande du nouveau, mais on ne sait quel. En résumé, c'est le ministère qui, par sa propre faiblesse, tue le gouvernement. Il faut toujours que le pouvoir donne une direction quelconque à la société pour ne pas en recevoir lui-même. Je suis surpris que les ministres ne s'aperçoivent pas que plus ils accordent au libéralisme, plus il leur demande. Malheureux ministres, que je vous plains! on va vous demander des lois municipales et départementales, le renvoi des Suisses, la suppression de la garde royale et des gardes du corps; on vous relira vos discours, on vous mettra face à face avec vos promesses. Vous serez étonnés, vous vous direz à l'oreille : «Nous n'avons pu promettre cela; ce n'est pas possible. » Mais on vous prouvera à la tribune que vous l'avez promis, et que vous l'avez promis au nom du Roi. Que répondrez-vous?

Nous sommes à une époque difficile, où la société se renouvelle. Tous les jours les jeunes gens viennent prendre leur place, et ils apportent avec eux des idées bien différentes de celles qu'avaient les vieillards. L'état aurait besoin, au milieu d'un renouvellement semblable, d'une direction forte pour ne point subir la première influence venue, et c'est ce qui lui manque totalement. On cherche à oublier que dans les temps orageux le gouvernement doit s'attacher à un parti quel qu'il soit du reste, attendu qu'un parti a toujours de la vigueur et la donne au pouvoir du moment qu'il en est favorisé : c'est donc une chose tout à fait ridicule qu'un gouvernement veuille marcher seul lorsque par lui-même il ne peut rien, s'il ne s'appuie ou sur les royalistes ou sur les libéraux. Nous ne parlons pas de la masse du peuple, qui n'entend rien au gouvernement représentatif; il lui faut un chef, qu'on l'appelle empereur, ou roi, peu lui importe. Ne lui parlez ni de ministres, ni de chambres, ni de budget; le mécanisme de notre gouvernement ne peut entrer dans sa tête : pour elle, le Roi c'est tout l'état. Il lui est impossible de comprendre qu'on n'ait pas la liberté de faire ce qu'on veut lorsqu'on s'appelle Roi. Aussi quand elle souffre, quand elle n'est point heureuse, elle ne s'en prend ni aux ministres ni aux chambres, elle va plus haut; et son premier cri d'accusation est contre le Roi. Les théories politiques font peu d'impression sur le peuple; il ne met pas son bonheur dans la division des pouvoirs et dans les discours qu'on prononce pour lui à la tribune. Il faut qu'il soit tranquille, qu'il tire parti de ses récoltes ou de son travail : tout le reste lui est indifférent. Trouvez-lui des débouchés pour ses denrées, que le commerce reprenne, que le pain ne soit pas cher, et il vous fera bon marché de vos chambres et de tout l'attirail de votre gouvernement représentatif.

Le ministère actuel ne peut rester plus long-temps sans compromettre les destinées de la France et la stabilité du trône, à cause de l'état d'incertitude et de provisoire où il s'use depuis dix-huit mois : il faut un ministère ou royaliste ou libéral. Je dis libéral : car peu m'importe, si l'on parvient à me démontrer qu'il peut faire le bonheur de la France. Je ne suis point, Dieu merci, aussi haineux et aussi exclusif que les journalistes libéraux. Parlez-leur, par exemple, de M. de Polignac, ils se mettent en fureur, ils trépignent, enfin ils perdent la tête. L'arrivée du noble ambassadeur au pouvoir constituerait, suivant eux, un coup d'état, quand bien même son administration serait toute constitutionnelle. Il ne pourrait, dit-on, marcher avec la chambre des députés. Est-ce que les individus ne disparaissent pas devant les chambres pour ne laisser voir que leurs systèmes? Il est donc absurde de crier contre le prince de Polignac avant de savoir quelle marche il suivra. Pourquoi ne pas s'expliquer franchement et dire : « Nous ne voulons ni du prince de Polignac, ni de tout autre royaliste quelque constitutionnel qu'il soit; et si le

Roi prend des ministres de cette opinion, malgré ses prérogatives, malgré la charte, nous les poursuivrons et
nous les appellerons déplorables? » Quant à moi, monsieur le comte, je crois qu'un ministère royaliste peut seul
être utile à la France et à la couronne. On a long-temps
parlé d'un ministère de coalition, image fidèle de la frac-
tion Agier. Comment un ministère ainsi bigarré aurait-il
fait pour s'entendre sur ses opinions? Les ministres du
côté droit n'auraient certainement point eu les mêmes
idées que les ministres de la gauche. Ou ces ministres de
part et d'autre auraient eu la confiance de leurs partis,
et alors ils n'auraient pu s'accorder; ou ils l'auraient trahie,
et alors ils n'auraient eu aucune force. Un ministère de
coalition est une extravagance qu'à la rigueur on peut
concevoir, mais qu'il est impossible d'exécuter.

Les libéraux sont tout à fait divisés. Les uns veulent
user de ménagemens. « Chut! ne faites pas de bruit pour
ne point effrayer: soyez doux et polis. » Mais malheu-
reusement ils disent cela aux *patriotes*, mauvaises têtes
s'il en fut jamais : de là des reproches et des querelles.
Les *patriotes* ont le cœur solidement républicain, c'est
l'*Album-Magalon* qui nous l'assure; et ils s'indignent de
ne pouvoir faire route tête levée.

Je ne sais trop si l'on fait attention aux nouveaux journaux; mais j'ai été frappé du ton avec lequel ils parlent de
la cour, et la représentent au peuple comme son ennemie.
Ces récriminations continuelles peuvent avoir des résultats
très funestes : à force d'entendre répéter une chose, dit le
proverbe, on finit par y croire. Dès lors qu'on va à la cour
et qu'on y est bien reçu, on est par le fait même ennemi
du peuple; et ceux-là seuls qui n'y paraissent jamais sont
des citoyens vertueux et indépendans. Je pourrais citer
plusieurs traits à l'appui de ce que je viens de dire, je me

bornerai à un seul tiré de *la Tribune des Départemens*, nouveau journal politique : « Nous avons annoncé (numé-
« ro du 20 juillet) il y a plus d'un mois que le conseil
« supérieur de la guerre s'occupant d'une organisation
« nouvelle de l'armée avait arrêté que la garde royale
« serait réduite de six régimens à quatre, et que les
« troupes suisses seraient congédiées à l'expiration du
« terme fixé par les capitulations. On annonce que des
« influences de cour ont fait non-seulement repousser la
« nouvelle organisation, mais disgracier le conseil ainsi que
« M. de Caux : une disgrâce *fondée sur de tels motifs*
« *honorerait* M. le ministre de la guerre ; et le conseil su-
« périeur, licencié pour *avoir nourri des idées patriotiques,*
« *mériterait les hommages des citoyens.* »

On s'étudie à répandre ces idées dans la masse de la nation, on cherche à brouiller le peuple avec son Roi. La cour (on n'ose pas encore dire le Roi nominativement) ne vous aime pas, dit-on chaque jour aux citoyens, et tout ce qu'elle fait, c'est par haine contre vous. On habitue la jeunesse à la regarder comme l'ennemie la plus implacable des libertés publiques et du bonheur du royaume. Le nouveau libéralisme, qu'il faut distinguer de l'ancien, se propose de rendre la chambre des députés assemblée souveraine au détriment de la chambre des pairs et de la royauté. Il attaque la première pour arriver ensuite à l'autre. Voici ce qu'on lit dans des brochures qui ont été répandues parmi les députés sous le titre de *Lettres d'Icilius* :

« La couronne a fait de l'aristocratie, comme on en
« faisait autrefois avec des hommes de cour et des gentil-
« hommes ; mais les temps ne sont plus les mêmes : ce qui
« était jadis respecté a cessé de l'être... La France eût aimé
« qu'on lui fît de l'aristocratie avec des Foy, des Lafayette,
« des Ternaux et des Royer-Collard.

. « La pairie française, qu'on a mal faite et trop vite,
« n'a pas cette puissance morale qui est la véritable;
« l'autorité manque à son langage. C'est en vain qu'au
« jour des révolutions elle voudrait se faire écouter; sa
« voix, en essayant de commander aux tempêtes popu-
« laires, irait se perdre au milieu d'elles; car lorsqu'un
« peuple consent à s'arrêter, c'est à la voix de ceux qu'il
« a suivis long-temps. La répression des excès populaires
« est néanmoins pour la pairie le plus saint des devoirs;
« et cette mission deviendra de jour en jour plus difficile.
« Bien qu'il soit éloigné, *le triomphe de la démocratie*
« *nous paraît inévitable; quoi qu'on fasse, elle ira sa route,*
« *et touchera le but.*

« L'espoir de la France populaire, et le pouvoir accordé
« à ceux qui la possèdent, la gloire qui s'attache aux ré-
« formes patriotiques, sont des séductions puissantes aux-
« quelles la démocratie peut céder sans crime. La pensée
« peut venir aux plus fermes d'imiter les barons du roi
« Jean; d'autres, plus modérés, peuvent sourire au projet
« de transformer, par degrés et doucement, le Roi de
« France en président des Etats-Unis.

« La charte elle-même est une exhortation à la démo-
« cratie; les droits qu'elle a cédés ou reconnus nous ont
« rapprochés du gouvernement populaire; nous ne som-
« mes plus séparés de la république que par un intervalle
« assez faible, et nos désirs sont devenus plus ardens pour
« un bien qu'on a mis à notre portée. Comme jurés,
« comme électeurs, comme municipaux, nous avons, *ou*
« *nous aurons* une portion notable de la souveraineté;
« nous sommes devenus juges, législateurs et adminis-
« trateurs; nous n'en resterons pas là.

« Si des rois se rencontrent à volonté forte, qui font
« rendre à leurs volontés le respect qui n'est dû qu'aux

« lois; quand ces rois ont d'ailleurs tout ce que le génie,
« la gloire et la fortune peuvent donner de puissance;
« quand ils s'appuient au dehors sur des alliances, et
« au dedans sur des armées, la résistance devient comme
« impossible, et c'est pourtant alors qu'elle est le plus
« nécessaire. On ne dira point : ces craintes sont inju-
« rieuses; un mauvais roi ne peut sortir de l'auguste fa-
« mille qui nous gouverne. Ces bêtises-là ne se disent
« plus.

« Quant une pairie sans crédit moral, inconnue du
« pays, et peu estimée du prince qui la paie, vient à faire
« contre lui de l'opposition, le monarque, ennuyé de ses
« remontrances, fait comme Louis XIV; le fouet à la main,
« il vient à elle et la fait taire. Tantôt, comme Olivier
« Cromwell, il apostrophe tour à tour chacun de ses mem-
« bres; il dit à l'un : Tu es un ivrogne; à l'autre : Tu es un
« voleur. Tantôt, comme Bonaparte, il enjoint sans
« phrases à ses grenadiers de saisir l'assemblée et de la
« jeter par la fenêtre.

« Les tribuns ont pour eux le peuple, les despotes ont
« pour eux l'armée. Quand la pairie, qui ne peut avoir
« aucun de ces deux appuis, est privée de la force mo-
« rale qui les remplace, elle n'est véritablement qu'un
« danger, une dépense et une sottise.... Les ministres qui
« l'ont dotée sont comme ce peintre de l'antiquité qui
« peignait Vénus couverte de pierreries; ne pouvant la
« faire belle, ils la font riche. »

Il faut être bien niais pour ne pas s'apercevoir du mou-
vement qui nous emporte. Un tel état de choses n'est que
la conséquence inévitable de l'abdication que le gouvernement a faite de ses droits. Depuis dix-huit mois les esprits
ont fait plus de chemin qu'ils n'en avaient fait dans l'espace
de trente-cinq ans. Nous courons vers un autre avenir. Le

pouvoir devait courir avec nous et à notre tête afin de tirer parti à son profit de cette révolution sociale qui s'opère. Il s'est au contraire timidement mis à l'écart, de manière que nous ne sommes plus habitués à le voir. Lorsque par hasard nous le rencontrons, nous prenons de l'humeur; et, s'il cherche à nous arrêter, nous nous fâchons, nous lui faisons des menaces. Si, tout en rentrant dans son isolement, il continue à vouloir nous arrêter, eh bien ! il sera victime, comme l'a fait entendre M. le géneral Lamarque dans son dernier discours.

Je crois, monsieur le comte, que, depuis 1814, le gouvernement en Frances est tout à fait mépris : il a cru ne devoir s'attacher à aucun parti et marcher seul par *prudence*. Prudence lamentable qui lui coûtera son existence! En est-il plus avancé maintenant, et ce que je viens de raconter n'est-il pas un fait que chacun connaît et qu'il peut attester? L'autorité devait s'appuyer, soit sur le royalisme, soit sur le libéralisme; elle aurait eu ainsi la force du parti dont elle aurait amené le triomphe. Aujourd'hui encore elle n'a que cette ressource.

La charte a commencé pour nous une nouvelle ère; mais seule c'est un jeune arbre qu'on a planté vite et au hasard. Chaque parti ne l'a regardée que comme une esclave qu'il fallait vendre au plus haut prix possible : elle a eu parmi nous le sort d'une belle femme tombée au pouvoir des Arabes du désert qui comptent déja quelle somme ils retireront en la vendant. Il nous aurait fallu des institutions en harmonie avec la charte; on ne les a point données, et on ne le pouvait guère. On les demande actuellement à grands cris : est-on en état de les comprendre et de les recevoir? Ne les prendra-t-on pas comme des occasions pour faire de l'esprit de parti? Le ministère ne pouvant imprimer aucune direction aux

esprits, il s'ensuivra que ces institutions seront abandon-
nées aux premiers venus qui les arrangeront dans leur intérêt. Cependant il ne lui est guère possible de les retarder
plus long-temps; mais pour cela il faut qu'il ait par lui-
même assez d'autorité pour en donner à son propre ou-
vrage, et le maintenir contre les attaques dont il sera l'objet.
Or comme c'est ce qui lui manque tout-à-fait ces institutions seraient par conséquent défectueuses et tourneraient
au détriment de la couronne et de la société. Vous voyez,
monsieur le comte, que le ministère actuel ne peut rester
sans compromettre davantage les intérêts du trône et du
pays.

Prendra-t-on des ministres dans le côté gauche, MM. Sébastiani et Casimir Perrier par exemple? Pour former un
ministère, il faut examiner si les hommes qu'on veut
choisir apporteront au gouvernement la confiance et la
force de leur parti, et si l'alliance avec ce parti lui-même
sera avantageuse ou nuisible. Il n'y a pas de doute qu'une
alliance avec le côté gauche serait défavorable au pouvoir:
car le libéralisme, en échange de son appui, exigerait
qu'on renouvelât la société d'après ses principes et dans
son intérêt; renouvellement qui aurait pour résultat de le
substituer au gouvernement lui-même, qui trouverait sa
ruine dans cette alliance.

Si MM. Casimir Perrier et Sébastiani ne se rendent point
aux exigences de leur parti, si en un mot ils ne se font
ses hommes, alors il les regardera comme des traîtres et se
séparera d'eux. Ils demeureront sans force et sans appui,
exposés aux attaques des royalistes et des libéraux. N'ou-
blions pas qu'il est plus facile d'acheter les consciences particulières que les doctrines, et de transiger avec les coteries
qu'avec les partis. Portons pour un instant un ministère
libéral au pouvoir, et voyons ce qu'on lui demanderait:

la suppression du conseil d'état, des juges-auditeurs, de la garde royale, des gardes-du-corps, le renvoi des Suisses; l'élection populaire pour les maires, pour les conseils des communes et des départemens; une nouvelle loi pour les élections; l'âge de trente ans pour les députés au lieu de quarante, et le retranchement du budjet du clergé catholique. Admettons que cette réforme ne bouleverse pas l'état et qu'il se soutienne encore un peu par lui-même comme un malade qui, traité par un médecin ignorant, ou maladroit, ne prolonge son existence que par la force de son tempérament. Mais résistera-t-il aux doctrines libérales mises en pratique par ses propres agens, qui nécessairement seront tous libéraux?

Les empires, quand ils sont conduits par des gens forts et habiles, n'ont rien à craindre des doctrines dangereuses pourvu qu'elles soient en théorie; mais si une fois l'on s'en sert dans le gouvernement ils ne peuvent y résister et tombent dans une confusion générale de même que des individus empoisonnés meurent, quand le poison a été absorbé dans le torrent de la circulation.

Supposons que le ministre libéral dont il est question montre visage froid et sévère à son parti, et qu'avant de lui ouvrir les portes du gouvernement il le prie de déposer ses doctrines à l'entrée; qu'arrivera-t-il? Que le libéralisme se fâchera et attaquera le ministère sorti de son sein. Il ne faut pas perdre de vue que dans les gouvernemens constitutionnels les ministres ne sont que les hommes d'affaires du parti qui les a portés au pouvoir.

De là je conclus qu'un ministère libéral ne se soutiendra qu'en se faisant tout à la fois et le mandataire et l'homme de peine du libéralisme; que le gouvernement deviendra victime de cette alliance; et que la couronne ne peut se conserver ses prérogatives et maintenir l'ordre en même temps que par un ministère royaliste. Oui, pour rallier tout le côté gauche, dira-t-on ; qu'est-ce que cela fait ? Doit-on s'arrêter à des considérations de ce genre ? Il est des époques où les gouvernemens doivent avancer sans regarder derrière eux, ni s'arrêter sous peine de mourir honteusement. Dans les circonstances où nous nous trouvons, il y a nécessité d'un ministère royaliste. Dans la seconde lettre que j'aurai l'honneur de vous adresser j'examinerai, monsieur le comte, ce que devra faire pour se soutenir ce ministère, soit qu'il vienne de M. de Polignac, ou de M. le comte de La Bourdonnaye, ou de M. Ravez.

Je ne veux pas fermer ma lettre sans vous parler du banquet des Dauphinois qui vient d'avoir lieu en commémoration de la journée de Vizille. On voyait à cette *fête patriotique*, présidée par M. Labbey de Pompières, plusieurs députés et M. Fourrier de l'Académie française, ancien préfet de l'Isère. La salle, richement décorée, contenait dans une double rangée d'écussons les noms des hommes illustres en tout genre auxquels le Dauphiné a donné naissance. Au milieu d'eux, dans *un groupe de membres de l'assemblée constituante et de la convention* était écrit le nom de PONCE-PILATE, né et mort en Dauphiné. Sous quel rapport cet homme pouvait-il être associé à des constituans et à des conventionnels ? Ce n'était pas assurément pour rappeler des souvenirs d'indépendance et de liberté, puisque Ponce-Pilate s'est montré le plus servile de tous les juges, et que, pour ne pas déplaire à ses maîtres, il a condamné à mort l'innocent. Ne l'a-t-on pas réuni à des tueurs de rois pour féliciter sa mémoire de ce qu'il avait condamné l'Homme-Dieu ? Ainsi, il y a eu tout à la fois dans cette *fête patriotique* triomphe du

RÉGICIDE et du DÉICIDE!!! Ponce-Pilate, qui a condamné à mort Jésus-Christ, était digne de marcher à la tête des conventionnels qui ont assassiné leur Roi. Des hommes que nous ne savons comment appeler ont osé devant cette inscription faire des discours sur la liberté; après quoi sont venus les toasts à la charte, à l'organisation municipale et départementale, à la magistrature, au barreau, à la garde nationale, à l'armée, au *vénérable* président, au général La Fayette, à Béranger, aux mânes de Manuel, aux dames (aux dames constitutionnelles apparemment); et comme les toasts réitérés commençaient à se faire sentir dans les têtes des convives, on a bu au *tuteur manqué des communes.* Il y avait à ce banquet soixante-dix convives : voilà donc soixante-dix personnes qui, n'ayant pu prendre part au jugement de Jésus-Christ, ont voulu déclarer à la face du monde entier qu'elles l'approuvaient; qu'elles y prenaient part autant qu'il était en elles, et enfin qu'elles en triomphaient.

Veuillez agréer, etc. etc.

BENOIST.